Jutta Freudenberger

Jutta Freudenberger

Heidelberger Kunstverein

Stadtmuseum Beckum

Kloster Bentlage Rheine

Märkisches Museum Witten

Stadtmuseum Siegburg

Gustav-Lübcke-Museum Hamm

VORWORT

Jutta Freudenberger bewegt sich mit ihren Arbeiten an der äußersten Grenze einer freien Landschaftsmalerei. Dies gilt für ihre klein- bis mittelformatigen Papierbilder wie auch für ihre großformatigen Leinwände. Diesem speziellen Genre der Malerei ist sie traditions- und aspektreich verbunden, jedoch kommt sie zu neuen und zeitgemäßen Ergebnissen. Die Grenzen der Landschaftsmalerei überschreitet sie oftmals und vielfältig, um die vorgefundenen Landschaften zu einer reinen Bildweltmalerei zu steigern. Bevorzugt beschäftigt sie sich mit besonderen Landschaften unserer Erde wie zum Beispiel den Wüstengebieten Kalahari oder Namib, deren geologische Gegebenheiten und landschaftliche Stimmungen sie besonders interessieren. Unter Verwendung der vor Ort vorgefundenen und eingesammelten Erden und Sande entstehen metaphorische Materialbilder von großer Expressivität. Kennzeichen ihrer Arbeiten ist die daraus resultierende Materialhaftigkeit und die starke Leuchtkraft der Pigmente.

Die von ihr erlebte Atmosphäre des Reiselandes wird vor Ort in Arbeiten auf Papier festgehalten. Diese skizzierten Notationen sind eigenständige Arbeiten, worin Jutta Freudenberger ein „Aufnehmen der Landschaft" sieht. In einem zweiten Schritt erfolgt später im Atelier die Umsetzung und Verarbeitung der mitgebrachten Materialien zu großformatigen Landschaftsbildern, für die Künstlerin ein reflektiertes „Abgeben der Landschaft". Diesen künstlerischen Gedanken pflegt sie seit vielen Jahren und entwikkelt ihn konsequent fort.

Sie selbst äußert sich hierzu: „Meine Arbeiten sind Landschaftserlebnisse nicht im abbildhaften Sinn, sondern Umsetzungen in eine abstrahierende, pastose, reliefartige Malerei. Ölfarben werden Materialien zugefügt, die ich in den Landschaften finde, wie zum Beispiel Erde, Sand, Asche, Pigmente und Fundstücke. Es entstehen vitale Augenlandschaften, in denen der Betrachter visuell wandern kann."

Zu derart überzeugenden Ergebnissen kann man nur kommen, wenn künstlerische Reife und menschliche Empfindung eine untrennbare Einheit bilden. Die sechs beteiligten Kulturinstitutionen haben sich folglich zu diesem Projekt zusammengeschlossen, um der Öffentlichkeit einen Überblick über das aktuelle Schaffen Jutta Freudenbergers zu vermitteln und auch durch einen begleitenden Katalog zu dokumentieren. Wir sehen hierin eine gute Möglichkeit, das künstlerisch Erreichte zu reflektieren und zugleich neugierig zu machen auf kommende Entwicklungen.

Für großzügige finanzielle Unterstützung unseres Vorhabens danken wir dem Ministerpräsidenten des Landes NRW, dem Kultursekretariat NRW Gütersloh, dem Landschaftsverband Westfalen-Lippe, dem Museumsverein Beckum, der Volksbank Nordmünsterland eG sowie der Kloster Bentlage gGmbH sehr herzlich.

Martin Gesing	Gert Fischer	Ellen Schwinzer
Stadtmuseum Beckum	Stadtmuseum Siegburg	Gustav-Lübcke-Museum Hamm
Hans Gercke	Martin Rehkopp	Wolfgang Zemter
Heidelberger Kunstverein	Kloster Bentlage Rheine	Märkisches Museum Witten

Lap 2004 55 x 38 cm

Ehum 2004 55 x 38 cm

Solku 2004 120 x 160 cm

Kura 2004 55 x 38 cm

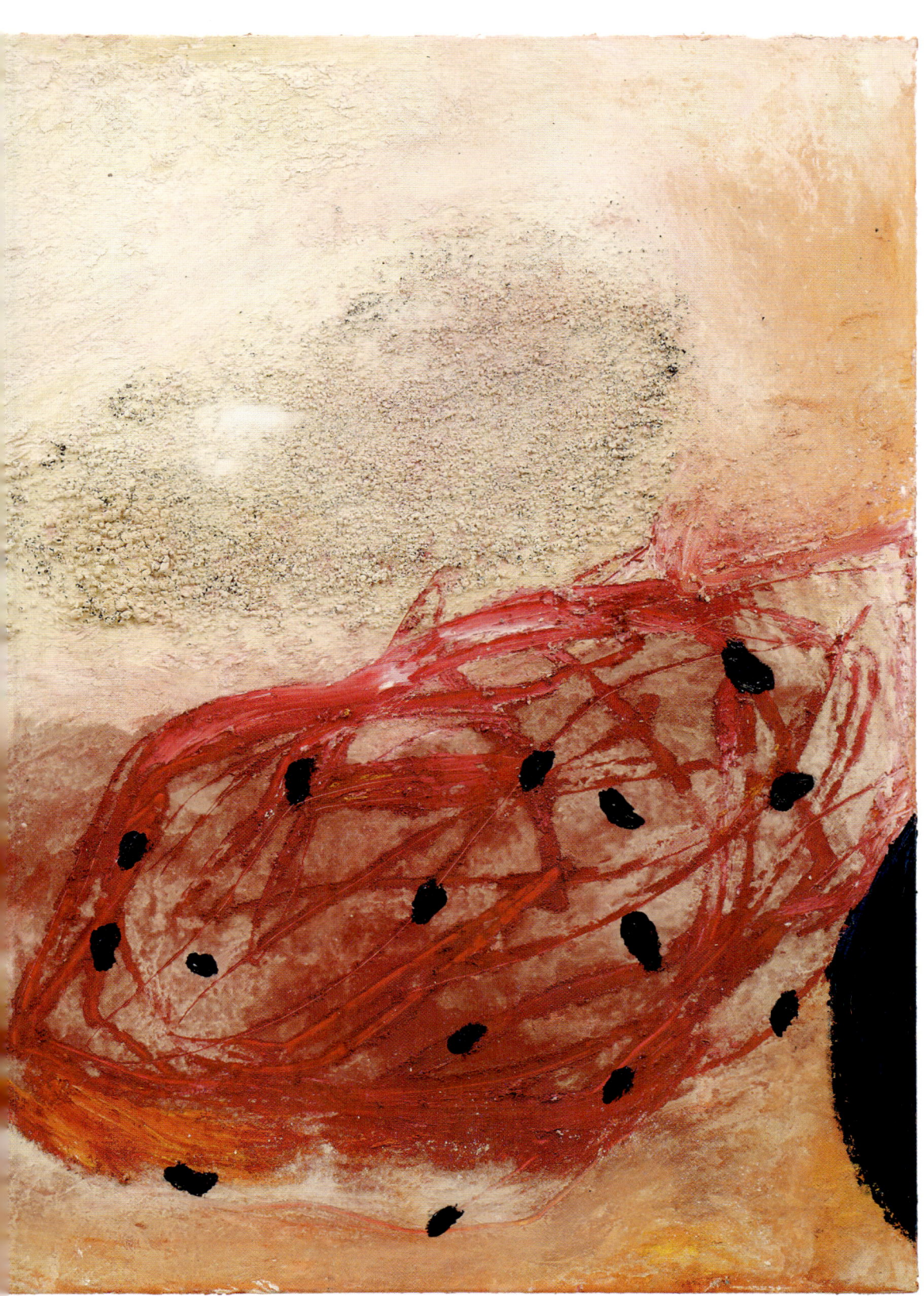

Hiao 2004 **100 x 160 cm**

Alob 2004 **130 x 130 cm**

Brekka 2004 120 x 160 cm

Cosco 2004 80 x 100 cm

Akaroa 2004 250 x 125 cm

Der im 17. Jahrhundert erbittert geführte künstlerische Streit über die damals für bedeutsam erachtete Frage, ob in der Malerei die Farbe (colore) oder die Zeichnung (disegno) höher zu bewerten sei – ausgefochten zwischen den Malerschulen der Rubinisten und der Poussinisten – ist heute gewiß nicht mehr relevant. Interessant hinsichtlich dieser Fragestellung jedoch ist, daß Jutta Freudenberger, wenn wir sie als klassische Malerin begreifen, hierzu eine eindeutige Position einnimmt. Der künstlerische Richtungsstreit zwischen colore und disegno findet seine Fortsetzung in der oben und oft zitierten, programmatischen Feststellung von Paul Klee. Hinsichtlich der Vorgehensweise von Jutta Freudenberger müßte sie eigentlich anders herum formuliert werden: „Sie hat die Farbe". Nicht nur, daß sie sich vorrangig für die Farbe interessiert, sie spürt diese geradezu mit Hingabe und Akribie auf. Erst in einem nachgeordneten Schritt beschäftigt sie sich mit weiteren Aufgaben der Malerei, wie zum Beispiel der Technik und der Komposition, um den gewonnenen Farben formalen Halt zu verleihen.

„Die Farbe hat mich"[1]
Malerei als Interpretation von Landschaft

Die Methoden, mit denen sie zu den gewünschten Farben gelangt, sind vielfältig und seit Jahren von ihr erprobt. Auch die hierbei von ihr beschrittenen Wege dürfen als klassisch bezeichnet werden, denn Jutta Freudenberger hat das Rad hierzu nicht neu erfunden, wohl aber zeitgemäß fortentwickelt. Sie setzt tradierte Erkenntnisse um, die schon immer galten, seitdem der Mensch farbige Bilder gestaltet: Farben gewinnt man aus Pigmenten. Also aus jenen Substanzen, die kraft ihrer chemischen Eigenschaften die in ihnen eingelagerten Farben an ein Bindemittel abgeben können. Um zu malen ist alles Weitere eine Frage des geeignet erscheinenden Malgrundes – Papier, Leinwand, sonstiges –, des Bindemittels und der Malwerkzeuge, um die Farben in der gewünschten Weise auf den Malgrund zu bannen. Sind die technischen Voraussetzungen geschaffen, können die wirklich wichtigen Herausforderungen, wie zum Beispiel die inhaltlichen Aspekte des zu schaffenden Bildes, in Angriff genommen werden.

Was sich vielleicht etwas einfach anhören mag, ist in Wirklichkeit eine komplexe Mischung aus Erfahrung und Kalkül, Kenntnis und Experimentierfreude, Routine und Wagnis. Um zunächst „ihre" Pigmente zu erhalten, bereist Jutta Freudenberger die Welt und vorrangig deren Wüsten mit ihren besonderen Sanden und Erden. Die natürlichen, mineralischen Substanzen mit ihren unterschiedlichen Korngrößen, Färbevermögen und Farbbeständigkeit sind hierbei so unterschiedlich wie die geologischen Voraussetzungen der besuchten Länder.

---

[1] Paul Klee am 16. April 1902.

Sie sammelt die verschiedenen Materialien vor Ort und nimmt neben den Substanzen zugleich die Landschaften in sich auf, um beides – im wahrsten Sinne des Wortes – mitzunehmen, damit die gewonnenen dinglichen Materialien und die geistigen Erkenntnisse im heimischen Atelier erneut zum Ausdruck gebracht werden können. Direkt vor Ort, quasi im Angesicht der bereisten Landschaft, entstehen auch Arbeiten auf Papier, die unmittelbar und frisch die landschaftlichen Eindrücke wiedergeben. Sie bilden eine autonome Gruppe und sind im weitesten Sinne Reisebilder, obwohl sie nicht die geographischen Bedingtheiten der Landschaften wiedergeben, sondern deren Stimmung und Atmosphäre. Daher zeigen sie weder Tal, noch Berg, noch See, sondern in abstrakter Umsetzung die von Jutta Freudenberger empfundenen ästhetischen Reize der jeweiligen Landschaftssituation. Ihre Arbeiten haben folglich einerseits eine größtmögliche Nähe zum Herkunftsland und damit eine unverwechselbare Originalität und sind doch andererseits durch den künstlerischen Gedanken und die menschliche Erfahrung geläutert und verändert.

Sandig, borstig, kernig und schrundig stehen die Farbpigmente auf den Bildträgern. Keramische Qualitäten unterstützen die Lebendigkeit der Bildoberflächen, als sei ein Ascheregen oder gar ein Sandsturm über sie hinweg gefegt. Besonders die Leinwände tragen schwer an den Pigmenten, was den Bildern zusätzlich Authentizität verleiht. Die Materialität der verschiedenen Substanzen soll sichtbar belassen bleiben, damit die ihnen innewohnenden Kräfte stärker zum Ausdruck kommen. Die Finger ersetzten Pinsel und andere Gerätschaften. Sie modellieren die Farben anders und unmittelbarer. Kein Werkzeug drängt sich zwischen Künstlerin und ihrem Farbenmaterial. Auf diese Weise erhalten die Bilder Kraft und Lebendigkeit, Frische und Emotionalität.

Die Assoziationen an die erlebte Landschaft variieren vielfältig. Während die vor Ort entstandenen Arbeiten auf Papier noch am ehesten und nächsten die Atmosphäre des Urbildes widerspiegeln, können sich die Leinwandbilder weit davon entfernen und nur noch einen metaphorischen Anklang an das Wahrgenommene bilden. Manchmal sind die breit gelagerten Querformate noch eine formale Reminiszenz an Landschaft, an Horizont und Weite. Während auf künstlerischer Ebene eine Loslösung von der empfundenen Landschaft möglich ist, stellen die verwendeten Erde und Sande eine unauflösliche Bindung an die Ursprungslandschaft dar. Bei aller zeitgemäßen Reflexion und modernen Umsetzung behalten die Bilder Jutta Freudenbergers dadurch eine ihnen eigene, archaische Urtümlichkeit.

Die abgewandelte Feststellung Paul Klees „Sie hat die Farbe" bedarf bei Jutta Freudenberger aber noch der Ergänzung. Korrekterweise muß es bei ihr heißen: „Sie hat die Farbe seit langem". Denn ihre farbdominanten Arbeiten reflektieren nicht nur ein

Stella 2005 **30 x 24 cm**

hohes Maß an künstlerischer Erfahrung, sondern ebenfalls ein solches an Lebenserfahrung. Nur wer sich über einen langen Zeitraum hinweg derart intensiv mit den Fragen der Farbe auseinandergesetzt hat, wird in der Lage sein, zu solchen bildlichen Ergebnissen zu gelangen. Dies zeigt sich auch daran, daß Farben oftmals hart gegeneinander gesetzt werden und bisweilen auch in eine gefährlich erscheinende Nähe oder gar Überschneidung gebracht werden. So setzt sie Rosa neben Türkis oder Lila neben Hellblau und es funktioniert im Bild. Dies erfordert neben musischem Gespür auch malerische Erfahrung, um ein Austarieren der Bildkräfte zu erreichen, sie zu steigern oder zu besänftigen und sie schließlich in eine Waage, nie aber zum Stillstand zu bringen.

Der einstige Richtungsstreit zwischen colore und disegno mag heute altertümlich erscheinen. Jutta Freudenberger hat hierauf ihre eigenen, gültigen Antworten gefunden, die souverän die alten Fragen vom Tische wischen. Die einstigen Kampfhähne aber hätten wohl für ihre Malweise eine ebenfalls altertümliche, doch treffende Charakterisierung gefunden: sie ist eine Alchimistin.

Martin Gesing

Teria 2005 30 x 24 cm

Cubi 2005 **30 x 24 cm**

Kal 2005 **30 x 24 cm**

Mati 2005 30 x 24 cm

Lap 2005 **30 x 24 cm**

31

Ink 2005 30 x 24 cm

Kitika 2004 **250 x 125 cm**

Kisa 2005 55 x 38 cm

Huku 2005 55 x 38 cm

Tai 2005 **55 x 38 cm**

Osü 2005 55 x 38 cm

Lake 2005 55 x 38

Aawa 2005 55 x 38 cm

Zu den Weltlandschaften von Jutta Freudenberger

Landschaften sind der Ausgangspunkt von Jutta Freudenbergers machtvollen Gemälden. Aber nicht im Sinne der traditionellen Landschaftsmalerei, die versuchte, die Natur mimetisch abzubilden und illusionistische Räumlichkeiten zu erzeugen. Freudenbergers Rückbezug zur Landschaft liegt in der Verwendung von Materialien, die sie den von ihr bereisten Landschaften wie unter anderem den Wüsten Namib und Kalahari unmittelbar entnommen hat. Indem sie Sande, Erden, Asche, Pigmente und andere Fundstücke ihrer Reiseziele in ihre Bilder einarbeitet, eignet sich die Malerin die Natur unmittelbar an. In ihren abstrakten Materialbilder schwelgt Jutta Freudenberger, die Bildhauerei studierte, gestisch-informell und expressiv in Farbe und Materialität.

Daß sich diese ungegenständlichen Bilder dennoch als Landschaften definieren lassen, liegt sowohl in der Wesenheit der Arbeiten selbst als auch in der Wesenheit der Landschaft. Denn Landschaft an sich existiert nicht in der dinglichen Welt; sie entsteht erst im Geiste des Betrachters, der in der Loslösung von der Natur dieselbe reflektierend konstituiert. Historisch wird der Beginn dieser Landschaftserfahrung an den Wendepunkt von Mittelalter und Renaissance gelegt, als Petrarca seine Besteigung des Mont Ventoux beschreibt. Von da an entwickelt sich eine Landschaftsmalerei, die lange Zeit nur folienhaft dienende Funktion hatte, bis sie in der Romantik, als man die Trennung von Mensch und Natur als offensichtlich irreversibel erkannte, eine autonome Gattung ausbildete. Schnell führte von dort aus der Weg in die freie Landschaftsmalerei, in Bildwelten abstrakter Formgebung, die Landschaft zwar nicht mehr mimetisch abbildeten, in denen sie jedoch eindeutig gegenwärtig blieb. Auch in abstrakten Bildern, die keinerlei Bezug zu Landschaft intendieren, vermag diese sich dem Betrachter durchaus assoziativ aufzudrängen, scheint das landschaftliche Sehen dem Menschen doch immer noch naturgegeben immanent zu sein.

Jutta Freudenberger vergegenwärtigt Landschaft in diesem Sinne geistiger Reflexion. Eine besondere Qualität ihrer Arbeit ist aber auch das emotionale Erfahrbarmachen sinnlicher Wahrnehmung von Landschaft. Die „Natürlichkeit" der Bilder ergibt sich nicht im visuellen Sinne aus den Naturtönen Braun und Grün, sondern im stofflichen Sinne unter der Verwendung natürlicher Pigmente und erdig-sandiger Materialen, die aus gesehenen und erlebten Landschaften stammen. Den wie energetisch aufgeladenen, intensiv leuchtenden Farben, die expressiv über die Bildfläche vibrieren, mischt Freudenberger diese substanziellen Landschaftselemente bei und formt daraus mit der Hand reliefhafte Landschaftsbilder mit schrundigen Oberflächen, in denen sich scheinbar Hügel und Plateaus aufwölben, Spalten und Schluchten auftun und Rinnsale fließen. Die Vegetation dieser Landschaft scheint eher spärlich, das Formengut, das an Bäume, Sträucher, Blumen erinnern könnte, ist reduziert; statt dessen evozieren die Farben die Kraft der Fruchtbarkeit von Landschaften, die sich immer wieder selbst erschaffen. So erschafft Jutta Freudenberger neue Weltlandschaften, nicht im traditionellen Stil etwa eines Altdorfers, sondern vielmehr durch die Gestaltung stofflicher Bilder, in denen wie im Kosmos die Elemente toben, expandieren, formen und neue

Welten hervorbringen. Da ballen sich Farbkonzentrate zusammen, Pigmente scheinen zu explodieren, brechen sich Bahn, als hätten sich magmaartige Ergüsse von pastoser Farbe und erodierendem Gestein über die Leinwand gewälzt. Die Bild- und Farbelemente ringen mit- und gegeneinander und finden doch stets zu einem ausgewogenen Gleichgewicht, als wäre die Balance der Substanzen ungeachtet ihrer Ordnungslosigkeit nicht zu stören. Die Form- und Farbverläufe sind oft kontrastreich und spannungsgeladen, stellenweise aber auch sanft und reich moduliert. Wie aus einer Ursuppe, aus der alles hervorgeht, entwickeln sich die Landschaftsbilder aus der Präsenz der Farben und Materialien zu nahezu geologischen Formationen, dynamisch und kraftvoll.

So wie der Kosmos in seiner Vielgestaltigkeit nicht annähernd als Ganzes zu erfassen ist, so die Gestaltungswelt der Landschaftsbilder Jutta Freudenbergers nicht als Ganzes zu fassen. Selbst in der Summe bleiben die Gemälde ausschnitthafte Sequenzen eines farblichen und materiellen künstlerischen Universums, das unerschöpflich scheint und sich immer wieder neu erfindet.

Die Titel ergänzen die Stimmungshaftigkeit und den Assoziationsreichtum der Bilder; dieser orientiert sich weniger an konkreten topographischen Gegebenheiten als an der gefühlten, sinnstiftenden Ausdruckskraft landschaftlicher Räume. Jutta Freudenberger bildet auch die Titel aus Fundstücken der jeweiligen Landschaft, aus gefundenen Worten, die eine klangliche Erinnerung an die Atmosphäre, Temperatur, Kultur und Sprache bestimmter Landschaften bilden, was der Er-Findung der Bilder aus der visuellen und emotionalen Erinnerung des landesspezifischen Erlebens heraus entspricht.

Der Betrachter ist gehalten, in die terrestrischen Ozeane von Formen und Farben einzutauchen, die künstlerischen Landschaften zu erwandern, sich in diese Weltlandschaften und ihren stimmungshaften Gehalt hineinzubegeben und sich Landschaft anhand der feuerwerkshaften, energiegeladenen Gemälde von Jutta Freudenberger auf immer wieder neue und anregende Weise selbst zu konstituieren.

Gundula Caspary

42

Rotoma 2005 120 x 160 cm

44

Orag 2005 **30 x 24 cm**   Thers 2006 **30 x 24 cm**

Bocul 2005 **30 x 24 cm**   Tekriu 2005 **30 x 24 cm**

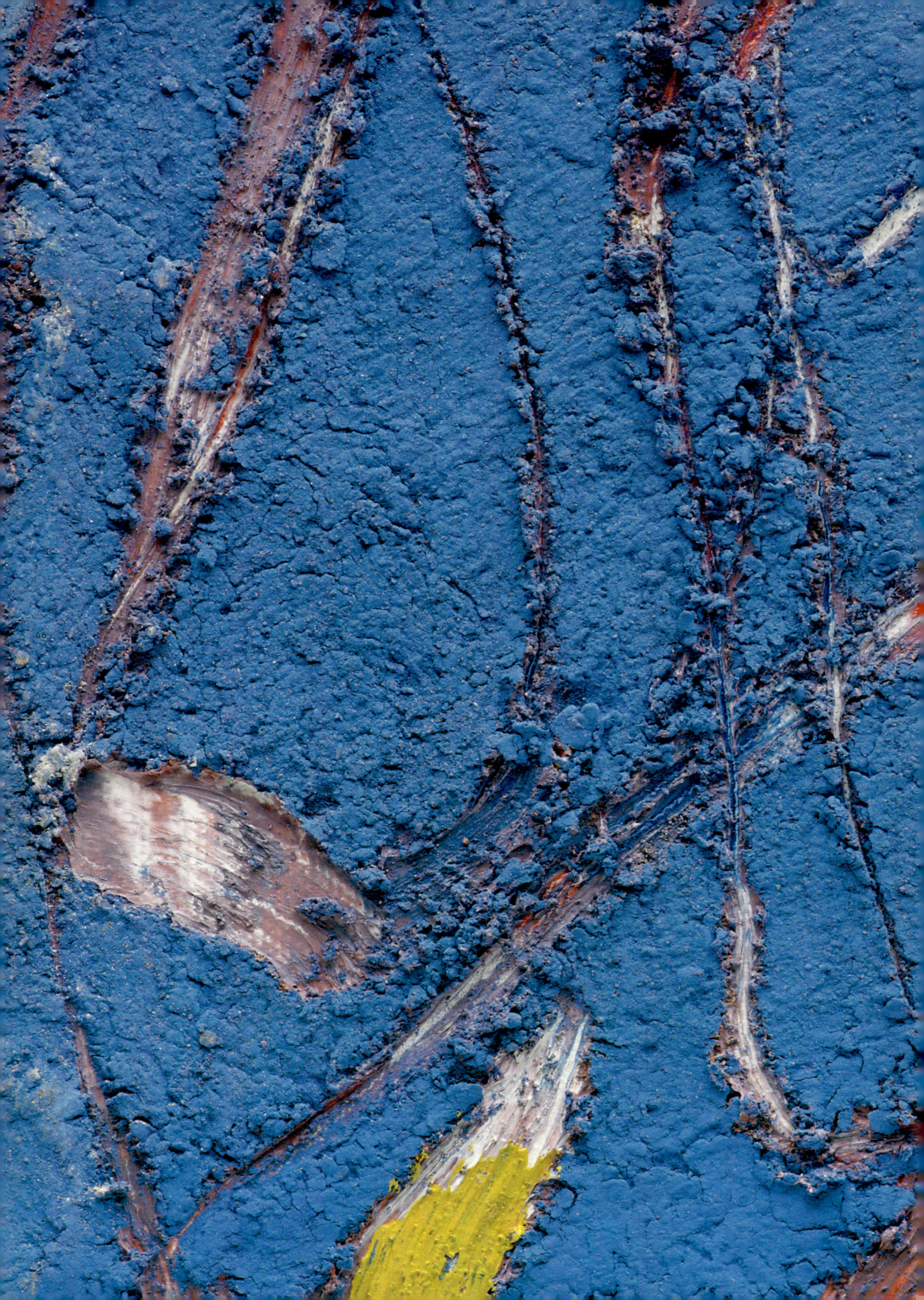

Reta 2005 **30 x 24 cm**

48

Epot 2005 **30 x 24 cm**

Cosco 2005 30 x 24 cm

50

Rewa 2005 120 x 160 cm

52

Gui 2005 **30 x 24 cm**

Botja 2005 **30 x 24 cm**

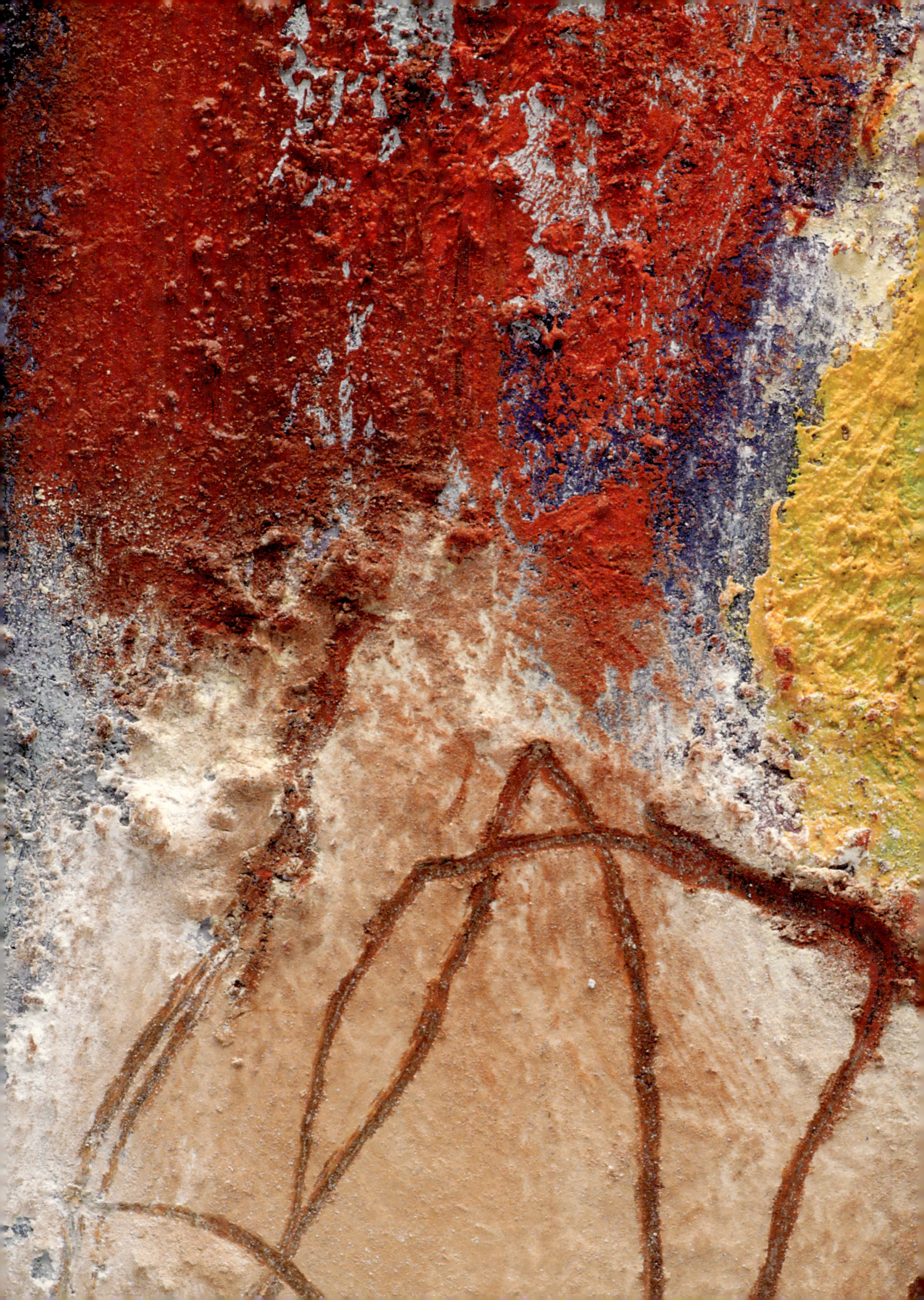

Gual 2005 30 x 24 cm

56

Ote 2005 **125 x 250 cm**

Itas 2005 **30 x 24 cm**

59

Fugi 2005 **30 x 24 cm**

60

Wato 2005 120 x 160 cm

62

Opet 2005 250 x 250 cm

Die Malerei aller Zeiten bewegt sich in einem doppelten Spannungsfeld: Einerseits zwischen der Realität des Dargestellten und der Realität der Darstellung, andererseits zwischen der spezifischen Flächigkeit des Mediums und dessen Verhältnis zur dreidimensionalen Wirklichkeit. Dass das eine mit dem anderen einiges zu tun hat, ist ohne weiteres ersichtlich. Spannend aber ist, zu beobachten und zu vergleichen, welch unterschiedliche Positionen in diesem doppelten Bezugsfeld möglich sind, sowohl in formaler wie inhaltlicher Hinsicht. Nicht zuletzt hier erweist sich immer neu die Vitalität des ebenso häufig wie vergeblich totgesagten Mediums. – Ohne allzu lange bei theoretischen Überlegungen und retrospektiven Betrachtungen zu verweilen, seien doch einige allgemeine Bemerkungen vorangestellt.

Dritte Welt aus Spiritualität und Materialität

Zum einen: Malerei entsteht immer als Interaktion von Wahrnehmung, Imagination und Materialisation. Was wir sehen – umfassender: alles, was wir erleben – bestimmt das Repertoir dessen, was wir machen, imitierend, reflektierend und reagierend, bestimmt auch, was sich in der Kunst manifestiert und materialisiert. Dabei hat sich die einst lebhaft diskutierte Frage um Gegenstand oder Abstraktion in der vielfarbigen Grauzone zwischen beiden längst als obsolet erwiesen.

Denn entkommen können wir der Wirklichkeit ohnehin nicht. Jeder horizontale Strich erinnert uns an einen Horizont und jedes Blau an den Himmel. Aber jedes Bild – sei es der Versuch einer dokumentierenden, möglichst realistischen Wiedergabe, oder ein letztlich vergebliches, aber genau deswegen kreatives Bemühen, der Fülle der sich in Raum und Zeit ständig verändernden Eindrücke und Phänomene ordnend und auswählend, reduzierend und kombinierend Herr zu werden, abstrahierend das eine oder andere herauszugreifen und zu analysieren, nicht zuletzt auch die Mechanismen der Wahrnehmung, unsere Emotionen oder die Eigengesetzlichkeiten künstlerischer Artikulation zu thematisieren – ist ein Bild ist ein Bild ist ein Bild ...

Zum anderen: Dieses Bild ist Fläche und Körper zugleich. Es hat allemal, wie auch immer, Anteil an der dreidimensionalen Welt, in der es sich befindet – einer Welt, die eigentlich vierdimensional ist, denn sie ist nicht statisch, sondern unterliegt Gesetz und Wandel der Zeit. Charakteristisch für das Tafelbild ist weniger, dass es nicht Anteil an der dritten Dimension hätte, sondern viel eher, dass ihm in aller Regel der Zugang zur vierten verwehrt bleibt – ganz im Gegensatz zur Skulptur, bei deren Betrachtung nicht nur der umgebende Raum eine wesentliche Rolle spielt, sondern auch der Faktor Zeit, der in der Bewegung des Betrachters diesem unendlich viele unterschiedliche Blickpunkte eröffnet.

Gleichwohl hat sich die Malerei in unterschiedlichen Epochen immer wieder auf unterschiedlichste Weise um Teilhabe an den Dimensionen von Raum und Zeit bemüht, und dies mit beachtlichem Erfolg. Mittelalterliche Malerei, um nur einige wenige Beispiele zu nennen, war ohnehin als Wandmalerei oder Retabel raumbezogen. Sie konnte ohne Probleme unterschiedliche Zeitaspekte auf der noch nicht als Projektion eines einheitlichen Raumes empfundenen Bildfläche miteinander kombinieren. Seit der Erfindung der Zentralperspektive war es damit vorbei, doch dafür wurde es nun möglich, Raum nach strengen Gesetzen täuschend echt in der Fläche zu simulieren. Die

Zeit-Komponente wurde dennoch indirekt, in transitorischen „Momentaufnahmen" und „bewegten" Gesten, gleichsam durch die „Hintertür", wieder ins Bild eingebracht.
Das 20. Jahrhundert schließlich, vom Raum-Illusionismus Abstand nehmend und auf neue Weise die Flächigkeit des Mediums, konkret des Bildträgers und des Mal-Materials, thematisierend, betonte dessen Objekthaftigkeit und sprengte damit im wahrsten Sinn des Wortes den Rahmen. Die Malerei eroberte den realen Raum, wobei dick aufgetragene, haptisch fühlbare und mit Zusatzmaterialien wie Sand oder Gips angereicherte Farben ebenso Verwendung fanden wie allerlei Collage- und Assemblage-Elemente. Letztendlich ist aus diesem „Fremdgehen" der Malerei eine neue Gattung dreidimensionaler Kunst entstanden – Objekte und Installationen –, deren Genese nichts mit der Tradition der klassischen Skulptur zu tun hat. Wegbereiter solcher Kunst waren, um nur einige zu nennen, van Gogh und Baumeister, Kubisten und Surrealisten, Marcel Duchamp sowie, in neuerer Zeit und damit in besonderer Weise Ausgangspunkt der nachstehend besprochenen Arbeiten, die Maler des Informel.

Jutta Freudenbergers Bilder oszillieren auf sehr spezielle Weise zwischen Autonomie und Bezugnahme auf gesehene und erlebte Wirklichkeit. Sie bilden nichts ab, aber sie vergegenwärtigen im konkreten, und eben nicht allein flächigen, sondern materiellplastischen Nachvollzug Farb- und Formereignisse, die nicht im luftleeren Raum (als ob dies überhaupt möglich wäre!) entstehen, nicht den geheimnisvollen Prozessen der Alchimistenküche des Ateliers (dies freilich schon eher!) entstammen, nicht den visionären Eingebungen eines halluzinierenden Hirns oder dem kühlen Kalkül desselben Organs (obwohl gewiss beide Hirn-Hälften beteiligt sind), sondern lebendiger, sehr persönlicher Erfahrung.

Man muss als Betrachter nicht unbedingt wissen, welcher Art diese jeweils ist, welche Anregungen im einzelnen Ausgangspunkte der jeweiligen Bilderfindung waren, um die bei aller Eigenständigkeit des Bildes aus einem umfassenderen Wirklichkeitserleben resultierende emotionale Authentizität zu spüren, die diesen Arbeiten ihre spezifische Kraft und Intensität gibt. Was im schöpferischen Nachvollzug Bildrealität wird, ist seinerseits eine zweifache Wirklichkeit: Da geht es einerseits um konkrete Landschaften, die auf umfassende Weise erlebt wurden und im schöpferischen Nachvollzug zu einem neuen Erleben führen, und es geht andererseits um dieses Erleben selbst, das zugrundeliegende und das des schöpferischen Nachvollzugs, und natürlich dann auch um jenes dritte, das Erleben des Betrachters, über das Ulrich Krempel in einem 1994 verfassten Text zu Jutta Freudenbergers Arbeiten schreibt: „Diese Bilder sind therapeutische Angriffe auf unsere Unfähigkeit, im Sehen unsere eigene Lust am Sehen zuzugeben".

Jutta Freudenberger reist leidenschaftlich gern. Ihre Expeditionen in die verschiedensten Kontinente sind Studienreisen, deren Ergebnisse sich in ihren Bildern niederschlagen. Reiche Ernte brachte die Künstlerin ein aus Griechenland und Italien, aus Portugal, Afrika und Asien, schon früher freilich auch aus dem Ruhrgebiet, aus dem sie stammt und in dem sie zuhause ist. Kleinere, vor allem Papierarbeiten, entstehen vor Ort, andere, größere, brauchen die Distanz und die Logistik des Ateliers.

Landschaftliches manifestiert sich in all diesen Arbeiten auf vielfältige und durchaus ungewöhnliche Weise, nie illustrierend, immer als autonome Malerei, als Ereignis von

Ador 2006 30 x 24 cm

Form und Farbe, von Malprozessen, die analog zu Naturvorgängen stattfinden, makro- und mikrokosmischen, geologischen, morphologischen, in jedem Fall energetischen. Landschaft erfasst wie im Weitblick von oben, beim Überfliegen, in der Sicht auf Küsten, Krater, Flüsse, Gebirgszüge und Inseln. Alles scheint in Bewegung begriffen, glutvoll leuchten die Farben, es gibt keine feste Horizontlinie, alles schwebt, taumelt, erscheint in flutender Bewegung. Ferne mutiert zu bildimmanenter Tiefe und zugleich zu einer buchstäblich greifbaren Nahsicht, denn der Betrachter wird mit haptisch fassbarer Materie konfrontiert, körnig, porös, der Verwitterung unterworfen, von neuen, vulkanischen Farberuptionen überlagert, prozesshaft geschichtet.

Die Künstlerin bezieht Pigmente, Sand, Asche und Erden, mitunter auch andere Fundstücke, bei ihren Ruhrpott-Bildern Kohle und Schlacke, in das Mal-Material ihrer Bilder mit ein, nicht irgendwelche das Ganze verfremdende Materialien, sondern ganz im Gegenteil ausschließlich solche, die sie auf ihren Reisen jeweils vor Ort gesammelt hat. Realität des Dargestellten und Realität der Darstellung verbinden sich so in ihrem Schaffen auf neue, eigene Weise. Und ich muss, während ich dies schreibe, an die Gepflogenheit frommer Athos-Mönche denken, die gelegentlich den Malmitteln ihrer Ikonen Weihrauch, Weihwasser und heiliges Öl sowie pulverisierte Reliquienknöchelchen beimischten, um so die verehrungswürdige Anwesenheit des dargestellten Heiligen noch auf geradezu magische Weise zu steigern.

All dies nun formt sie mit ihren Händen, arbeitet wenn schon mit dem Pinsel dann eher mit dessen Stil als den Borsten, trägt Material auf und wieder ab, analog den Naturvorgängen von Sedimentation und Erosion, die das Gesicht der Erde prägen, aber auch den beiden grundlegenden Techniken des dreidimensionalen Gestaltens, Plastik und Skulptur. Und sie erzeugt dabei höchst differenzierte, zarte und poetische Übergänge, die in den porösen, palimpsestartige Schichten eines nachvollziehbaren Prozesses die Zeit-Komponente aufscheinen lassen.

Reste illusionistischer Wiedergabe werden eliminiert durch sparsam ins Bild gesetzte, der Oberfläche aufgetragene oder eingegrabene grafische Zeichen, archaisch anmutende Chiffren für Florales und Anatomisches, Kosmisches und Erotisches, für Naturformen und Architektur-Abbreviaturen, für Haus, Kuppel, Gitter, Wagen, Treppe, Leiter, Schiff. Es sind Assoziationen auslösende Andeutungen, die – ebenso wie die Titel der Arbeiten – auf Orte, Gegenden und Kulturen verweisen, auf Ausgangspunkte der Bildwerdung, Hinweise freilich, die sich bewusst dem Zugriff definierender Festlegung entziehen.

Aus dem Spannungsfeld zwischen erlebter Wirklichkeit und erlebender Subjektivität der Künstlerin aber entsteht, so hat es 1999 in einem bemerkenswerten Katalogtext der vor kurzem verstorbene Kunsthistoriker und Kunstvermittler Karl Ruhrberg formuliert, „eine Dritte Welt aus Spiritualität und Materialität, Inspiration und solidem Handwerk".

Heidelberg, im April 2006
Hans Gercke

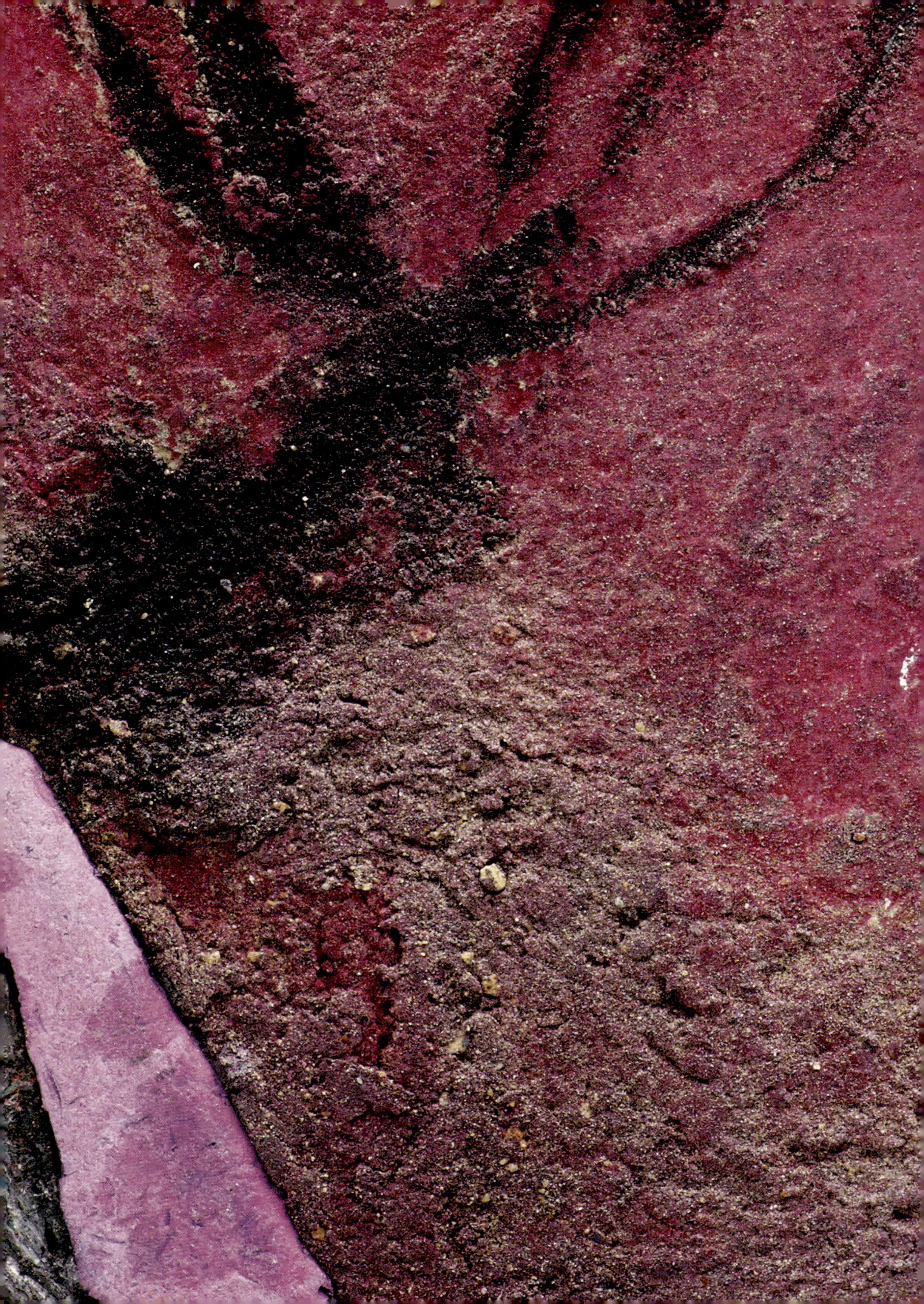

Otja 2006 30 x 24 cm

70

Tali 2006 **30 x 24 cm**					Epot 2006 **30 x 24 cm**

Freda 2006 **30 x 24 cm** Tudo 2006 **30 x 24 cm**

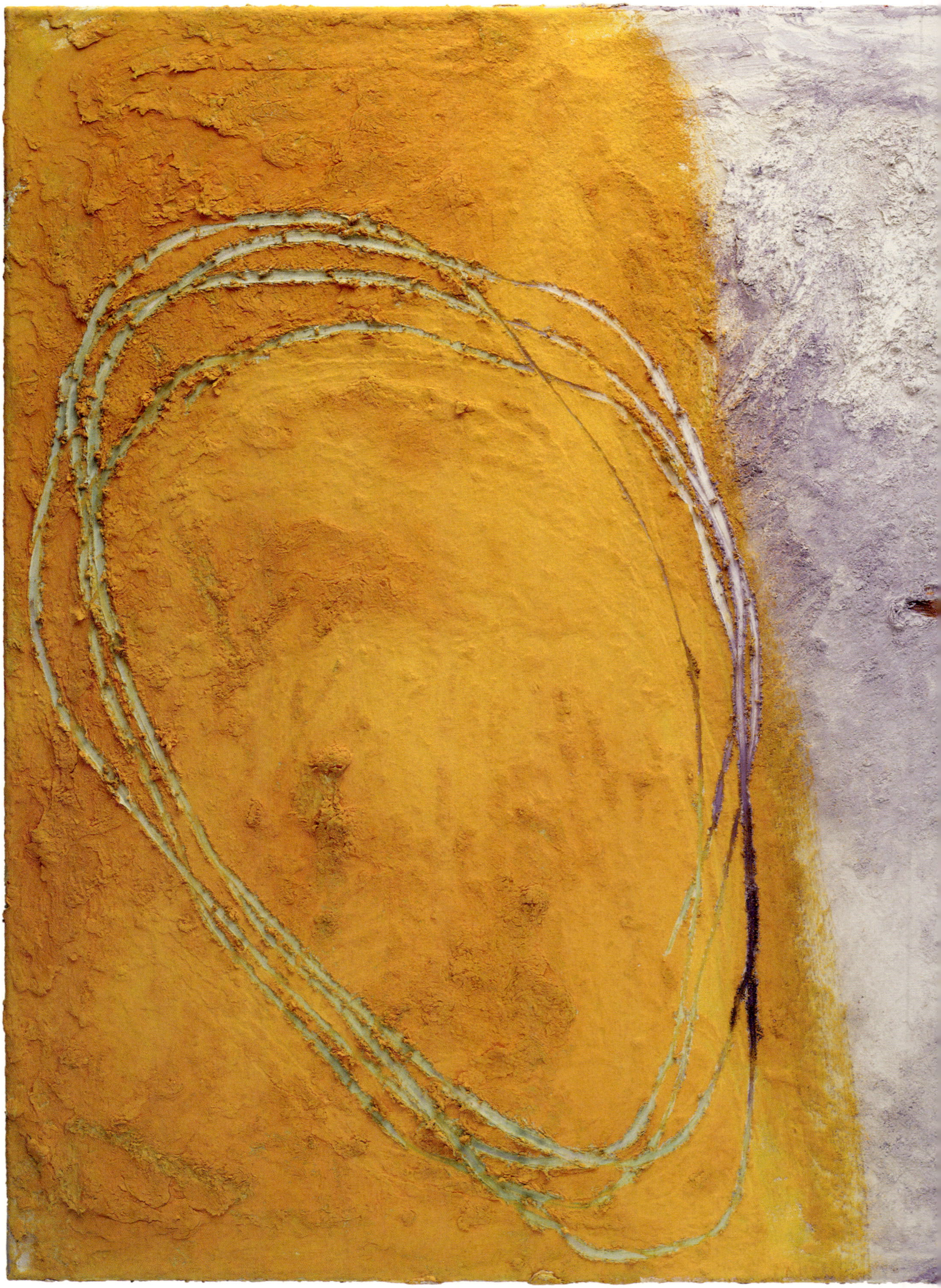

Tara 2006 80 x 100 cm

Rado 2006 55 x 38 cm

Assu 2006 **55 x 38 cm**

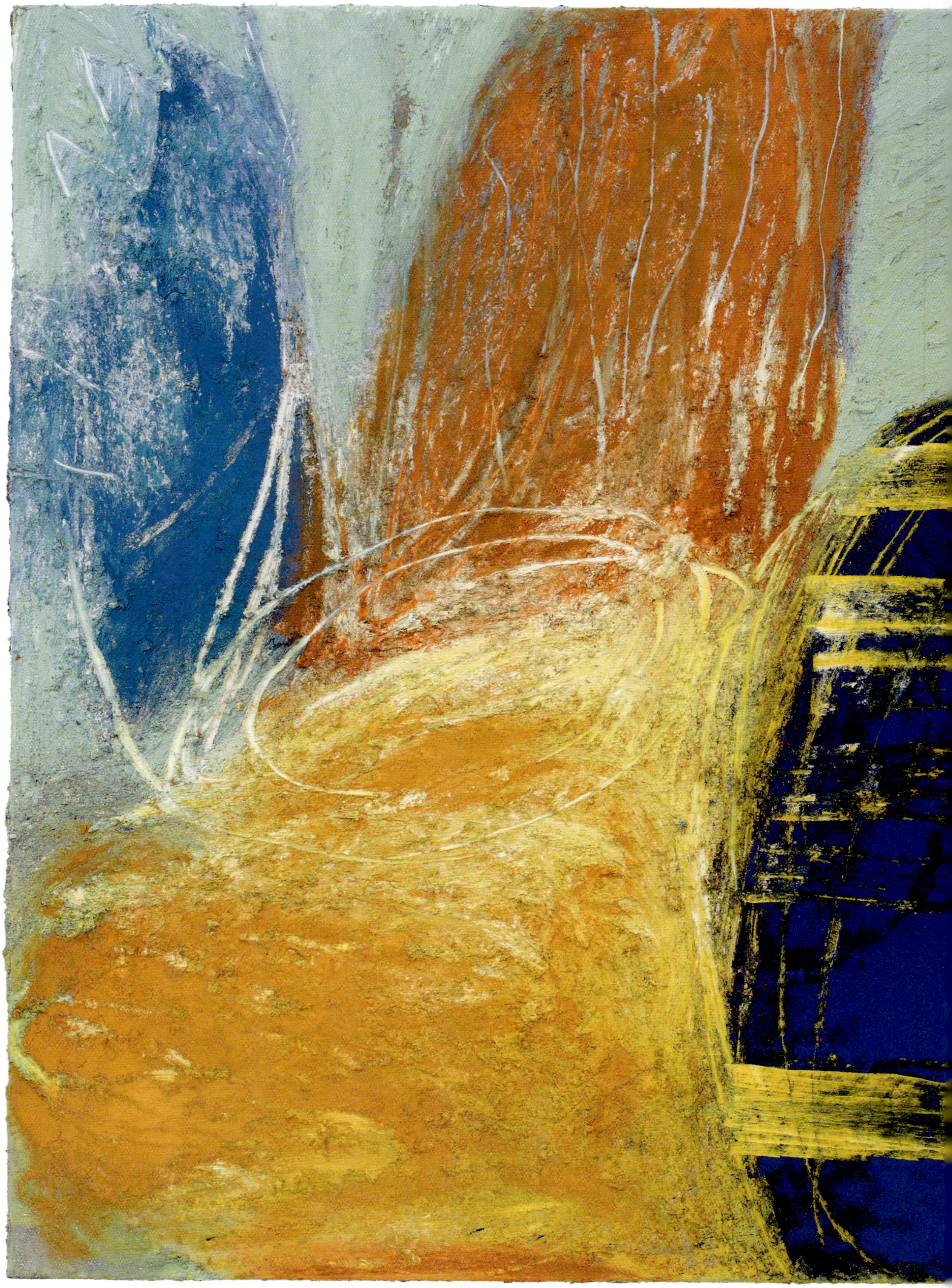

Epot 2006 **130 x 130 cm**

78

Dossa 2006 **30 x 24 cm**

Bosc 2006 30 x 24 cm

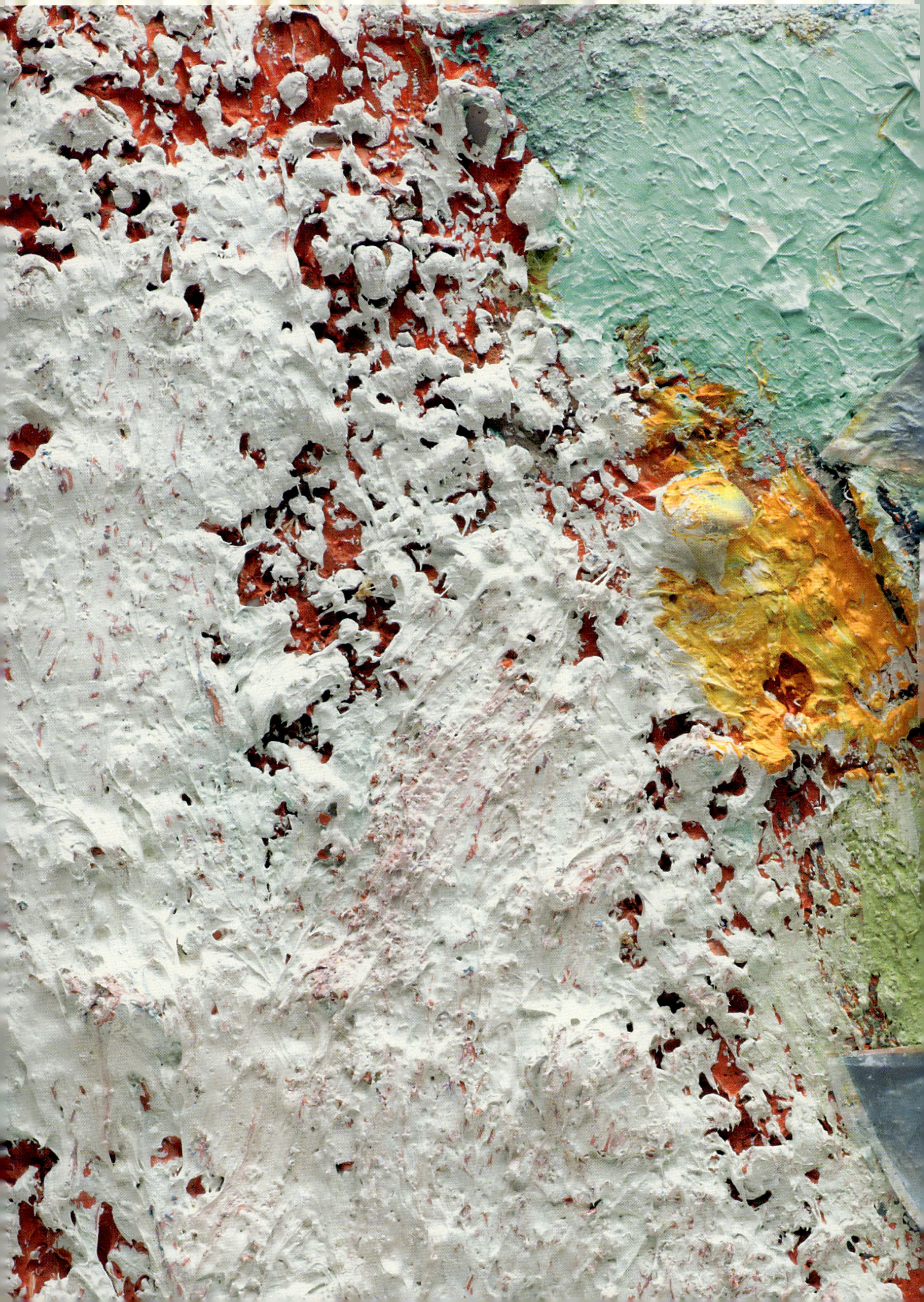

81

Levet 2006 **30 x 24 cm**

Illa 2006 **30 x 24 cm,**

Esco 2006 **30 x 24 cm**

84

Hauk 2006 250 x 250 cm

Arai 2006 **30 x 24 cm**

Micor 2006 30 x 24 cm

88

Whaka 2006 120 x 180 cm

Acci 2006 **30 x 24 cm**

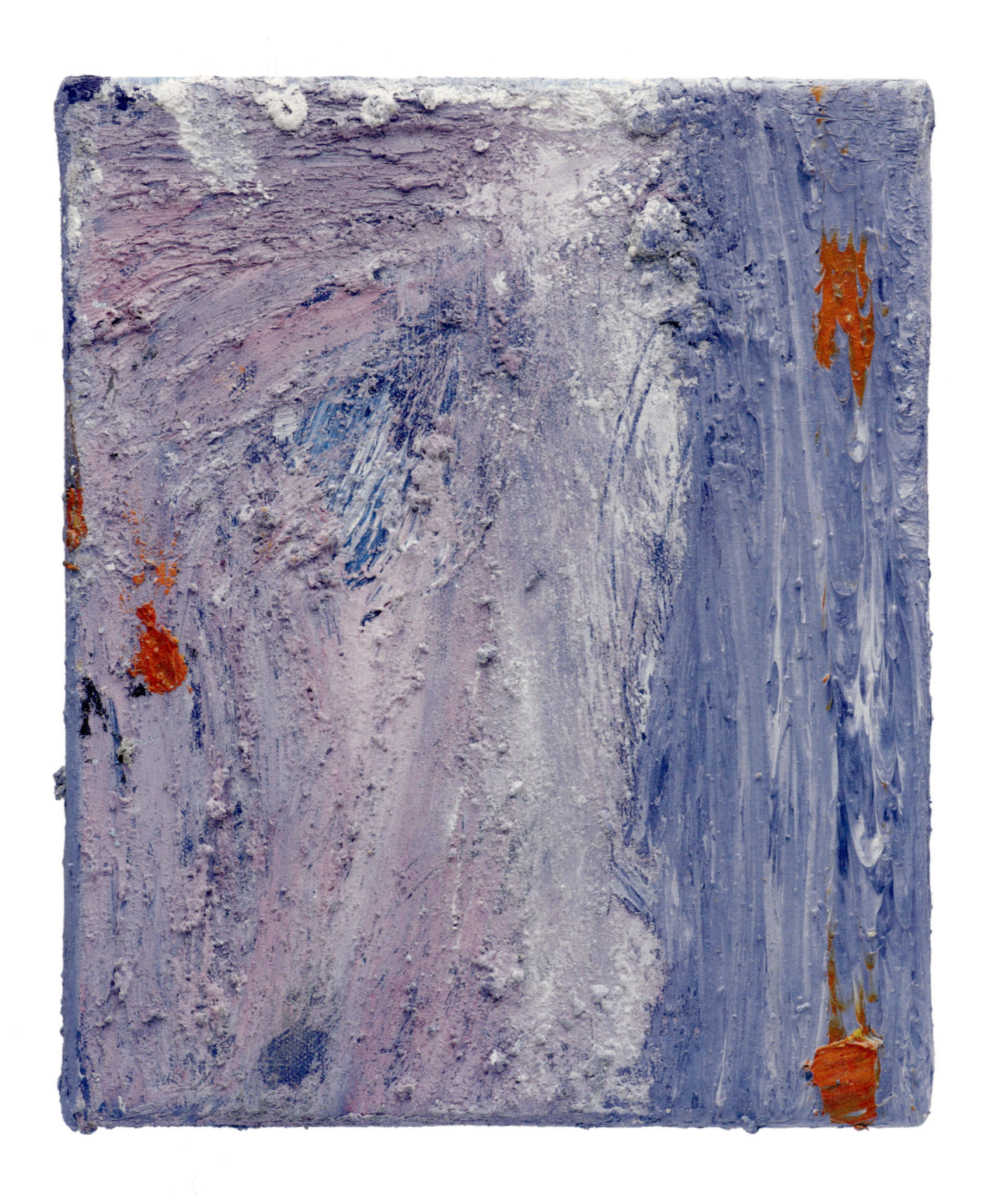

Ibon 2006 **30 x 24 cm**

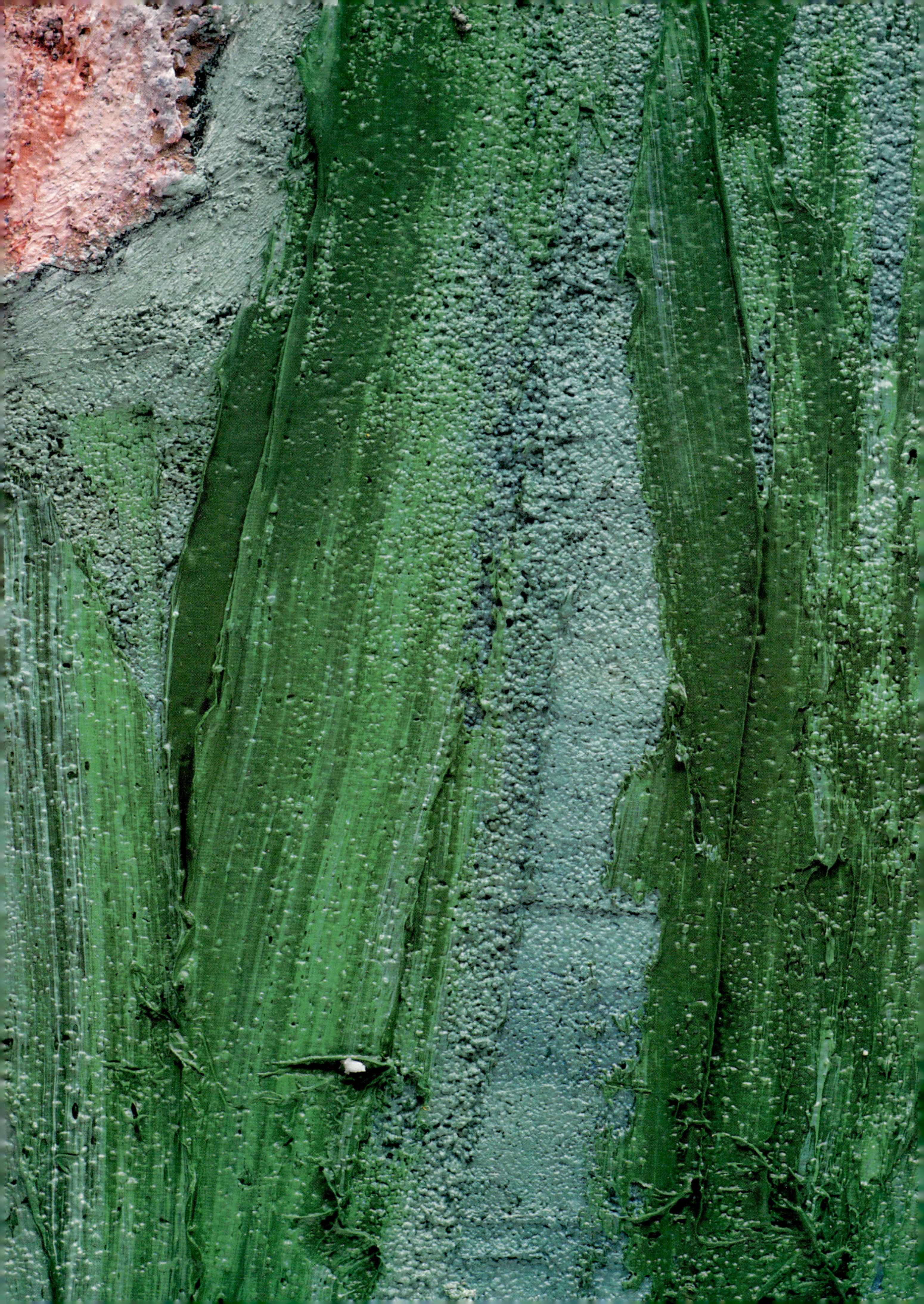

Andra 2006 30 x 24 cm

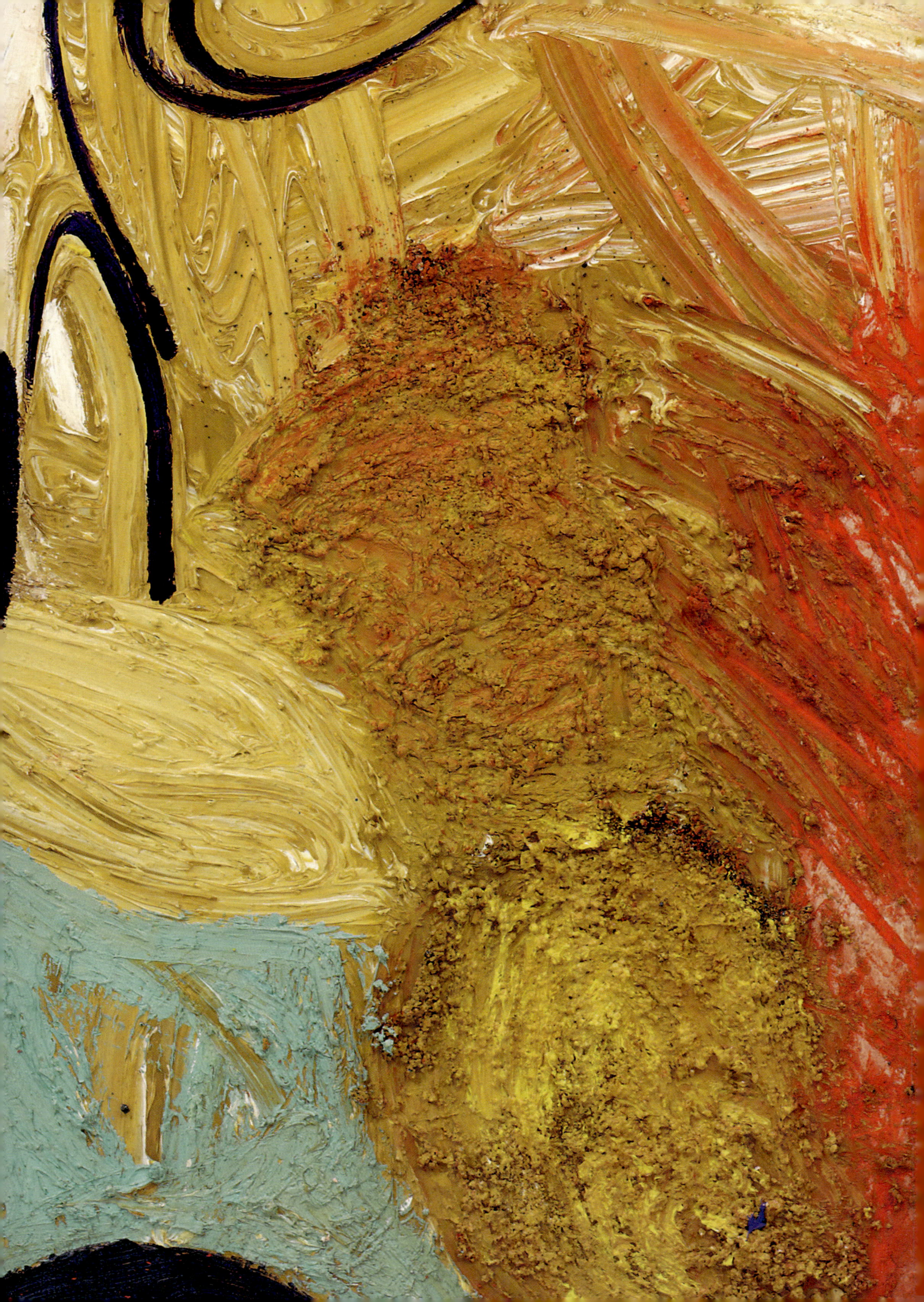

Wahi 2006 250 x 125 cm

Glaubt man Tourismusmanagern und/oder entsprechenden Marketingexperten von Neuseeland, so ist das Grün die beherrschende Farbe dieses Landes „am Ende der Welt". Diese Farbe Grün, die nicht erst von den Kolonialisten aus Großbritannien als „englische" Wiesen- und Weidelandschaften dorthin exportiert wurde, dominiert ganz offensichtlich und unstrittig das Land im südlichen Pazifik. Grün ist auch der visuelle Eindruck von Jutta Freudenberger, wenn sie sich an dieses Inselland erinnert, das sie zwei Monate lang besuchte.

„Am Ende der Welt" – oder wie das Grün ins Bild geriet

Ihre Eindrücke hat sie in einer 22teiligen Serie von kleinen Papierarbeiten im Format 15x21 künstlerisch verarbeitet, eine Arbeit über ein Land, das offensichtlich einen nachhaltigen Eindruck auf sie gemacht hat. Nachhaltigen Eindruck gemacht hat es insbesondere auch mit „seiner" Farbe Grün. Ein Indiz dafür ist, dass in dieser Werkserie das Grün – zumindest im Vergleich zu ihren früheren Arbeiten – nun verstärkt zu finden ist.

Welche (farbpsychologischen) Gründe für Jutta Freudenberger bestanden haben, sich dieser vormals fast verschmähten Farbe zu nähern (erinnert sei hier an Begriffe wie Giftgrün, sich nicht Grün sein oder grün vor Neid sein) sei dahingestellt. Nun hat sie sich dieser Farbe geradezu verschrieben, der Farbe des Lebens, des Natürlichen, des Frühlingsanfangs.

Jutta Freudenberger nimmt sich das Recht – und das zu Recht – in Anspruch, einseitig zu sein, das „Leben spendende" Grün in den Vordergrund zu stellen. Sie, die meist gegenstandslos arbeitet, bleibt auch in diesen Arbeiten abstrakt. Der Kraft der Farbe Grün und ihrer sonderbaren botanischen Ausformungen zollt sie aber doch deutlich Tribut. Und der Anmutungen sind viele, und sie sind variantenreich in verschiedenem Grün und in unterschiedlichen Formen. Große Farnblätter, Palmenwedel, Algengekröse, rote Blüten, die aus dem Grün leuchten, sind unverkennbar und können und wollen ihre künstlerische Wirklichkeit in diesen Arbeiten nicht verleugnen. Nicht selten sind diese grünen Andeutungen dabei von meerwasserblau bzw. -graublau umspült. Angeschwemmte Äste, Algenstücke, tote, abgestorbene, zerfaserte Natur also, die aber – anmutig fast – eine eigentümlich tot-lebendige Symbiose mit Wasser, Gischt, Strand, Fels und Grün eingehen. Der Kreislauf des Lebens öffnet und schließt sich. Der Spülsand des Meeres als Metapher für das Leben in seiner Endlichkeit und seiner Wiedergeburt.

Natürlich ist das Land „am Ende der Welt" kein ökologisches Paradies. Die unberührte Natur ist auch dort nur noch marginal erhalten – wenn auch vielleicht etwas „besser in Schuss" als die unsere. Man findet dort noch die endemische Flora und Fauna inselhaft an Land und Küste, wenngleich auch sie von vielen schmerzlichen Verlusten gekennzeichnet sind.

Insofern stellt sich die Frage, ob Jutta Freudenberger ob all' der erfahrenen grünen Schönheiten Neuseelands vielleicht doch zu romantisch, zu sehnsuchtsvoll dieses Thema künstlerisch bearbeitet hat. Einmal abgesehen davon, dass Caspar David Friedrich diese Frage nie gestellt worden wäre, gilt festzuhalten, dass bei allem kritischen Potential, das man Künstlern nachsagt, sie dennoch nicht zur kritischen Zwangsintervention verpflichtet sind. Wer das Schöne, auch das aus zweiter Hand, nicht realisiert, kann das Bedrohte kaum wahrnehmen und noch viel weniger sich für seinen Erhalt einsetzen. Wie lebt es sich ohne das Schöne und wie lebt es sich ohne das Schöne in der Kunst?

Martin Rehkopp

Folgende Arbeiten auf Papier Nr. 1-19 aus der Serie:
Neuseeland 2002

1

2

3

4

5

6

7

8

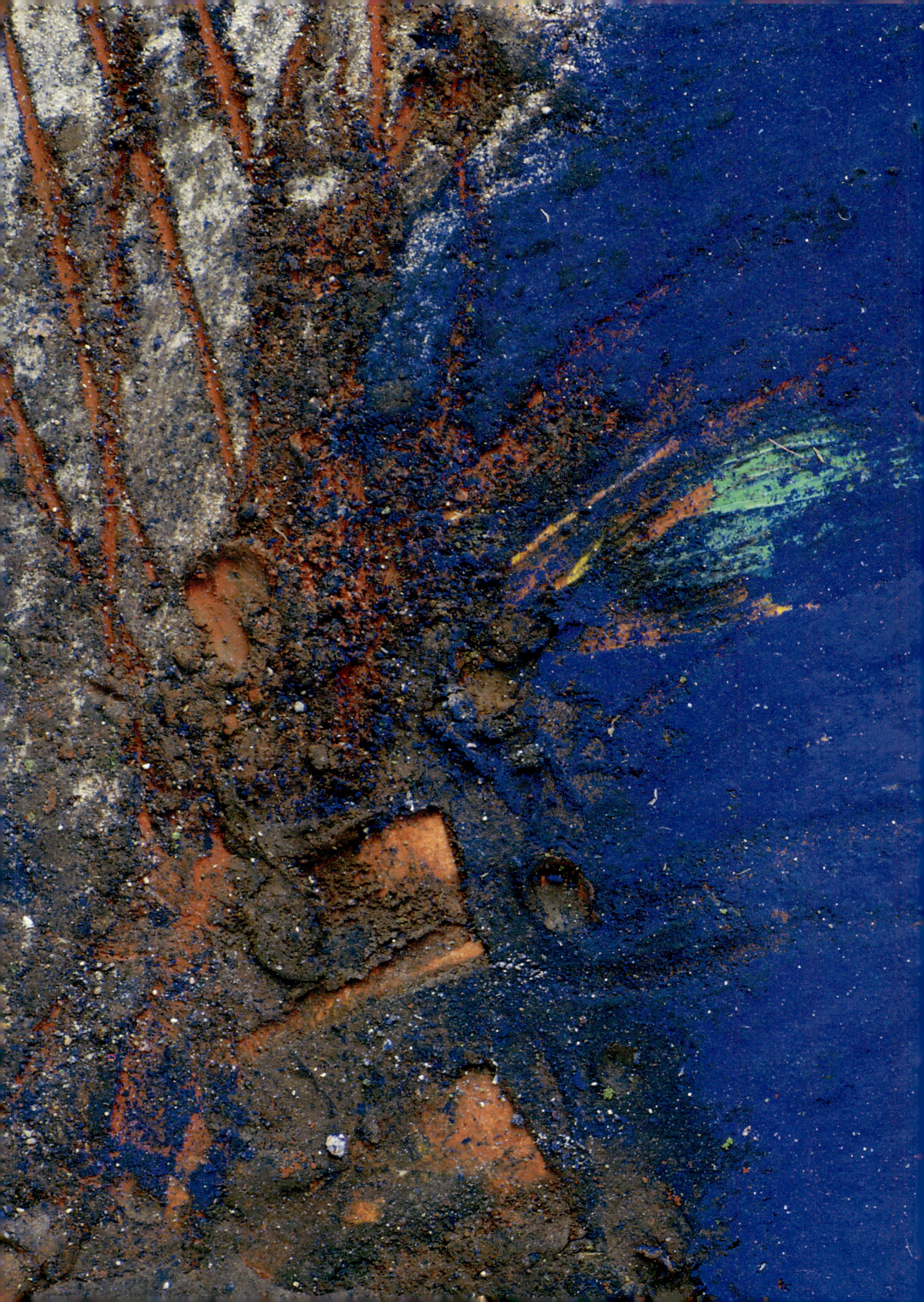

10

11

12

13

14

15

16

17

18

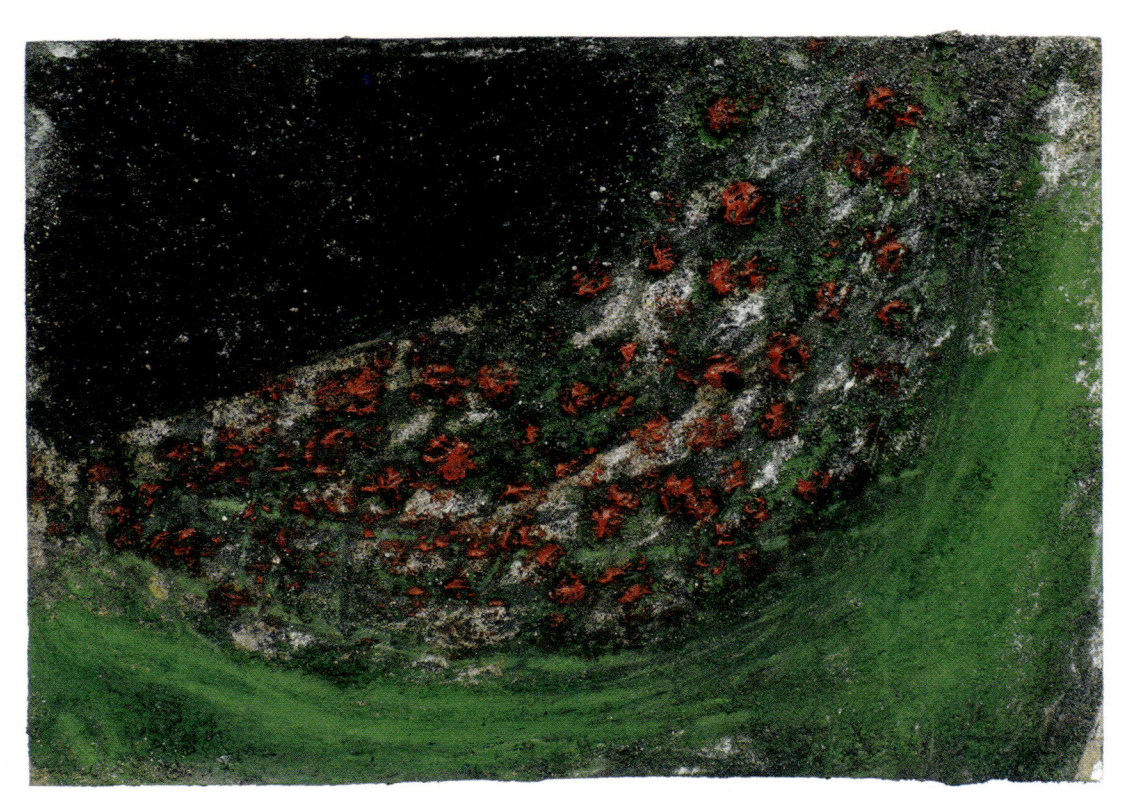

19

Atelier Palma 2006

Atelier Duisburg 2005

Jutta Freudenberger

Biografie 1945 in Schwerte/Ruhr geboren + Künstlerische Ausbildung: Fachhochschule Dortmund – Schwerpunkt Bildhauerei + lebt in Duisburg und Palma
Arbeitsaufenthalte 1987 Lanzarote 1989 Russland, Kirgisien 1990 La Gomera 1991 Russland, Kasachstan + Portugal 1992 Griechenland, Skopelos, Paros 1993 Griechenland, Skopelos + Florida 1995/99/2002 Paris, Cité Internationale des Arts 1998/99 Namibia 2002 Neuseeland 2003 Rom 2004 Irland seit 1996 Atelier in Palma/Mallorca
Einzelausstellungen 1988 Galerie Petra Böttcher, Herdecke 1989 Galerie R 22 Well (NL), (mit M. Vogel) 1990 Galerie Rheinhausen des Wilhelm Lehmbruck Museums, Duisburg (mit H. Schmitz-Schmelzer) + Kunstverein Heidenheim + Galerie Klaus Lea, München + Kunstverein Vreden + Kunstverein Norden, Schloß Lütetsburg 1991 Stadttheater Duisburg + Digital Equipment, Essen 1992 Oberfinanzdirektion Münster + Galerie Ulla Sommers, Düsseldorf 1993 Galerie Klaus Lea, München + Museum am Ostwall, Studio, Dortmund 1994 Galerie Utermann, Dortmund + Städtisches Museum, Göttingen 1995 Emschertal-Museum, Herne + Krefelder Kunstverein 1996 Galerie de Lange, Emmen (NL) + Kunstverein Unna + Landesmuseum Oldenburg Augusteum 1997 Galerie Veronica E. Kautsch, Michelstadt + Galerie Meta Weber, Krefeld 1998 Galerie Wälchi, Aarwangen (CH) 1999 National Gallery of Namibia, Windhoek + Swakopmund Art Association, Namibia 2000 Kunstmuseum Mülheim an der Ruhr 2001 Städtische Sammlungen Schweinfurt + Stiftung Wilhelm Lehmbruck Museum, Duisburg + Städtische Galerie Bottrop 2002 Schlossmuseum Gotha + Museum und Galerie im Prediger, Schwäbisch Gmünd 2005 Kunstverein Ibbenbüren 2006 Heidelberger Kunstverein + Stadtmuseum Beckum
Ausstellungsbeteiligungen 1988 Galerie Hintemann, Bonn 1989 The Nixdorf Art Prize: City-Museum and Art Gallery, Portsmouth (GB) + Wilhelm Lehmbruck Museum Duisburg 1990 Museum Quadrat, Bottrop 1991 Begegnungen – Kontakte II: Wilhelm Lehmbruck Museum, Duisburg + Museum der Künste, Alma Ata (Kasachstan) + Zentrales Künstlerhaus, Moskau 1999 Künstler(innen) aus Nordrhein-Westfalen, Yang Huang Art Museum Beijing und He Xiangning Art Gallery Shenzhen (VR China) 1988-2005 Große Kunstausstellung NRW, Düsseldorf 2003 Cubus Kunsthalle Duisburg 2004 Museum Küppersmühle Duisburg
Bibliografie/Kataloge 1990 Katharina Lepper „Zu den Bildern von Jutta Freudenberger" + Katalog: Jutta Freudenberger Malerei, Wilhelm Lehmbruck Museum Duisburg in der Städtischen Sammlung Rheinhausen 1991 Hubertus Froning „Der Eigenwert der Bilder Jutta Freudenberger" + Katalog: Jutta Freudenberger Malerei, Digital Equipment, Essen 1992 Christiane Vielhaber „Malerei der Gewissheit" + Katalog: Jutta Freudenberger Malerei, Oberfinanzdirektion Münster, Galerie Ulla Sommers, Düsseldorf 1993 Ingo Bartsch „Die Suche der Wahrheit mit den Augen" + Katalog: Jutta Freudenberger Malerei, Museum am Ostwall Dortmund, Galerie Utermann Dortmund 1994 Ulrich Krempel „Ort Himmel Weite Raum" + Katalog: Jutta Freudenberger Malerei, Städtisches Museum Göttingen, Emschertal-Museum Herne 1995 Peter Friese „Vom Stoff der Bilder" + Katalog: Jutta Freudenberger Arbeiten auf Papier, Krefelder Kunstverein 1996 Manfred Schneckenburger „Impressionen und die Epidermis der Malerei" +

Peter Reindl „Reine Farbe und reine Materie – Konkrete Kunst oder Landschaft heute" + Katalog: Jutta Freudenberger, Landesmuseum Oldenburg Augusteum **1999** Dieter Ronte „Jutta Freudenberger – Landschaft von außen über das Innere gestaltet" + Gabriele Uelsberg „Kalahari und Namib – Versuch einer Annäherung" + Katalog: Jutta Freudenberger, National Art Gallery of Namibia Windhoek, Swakopmund Art Association Namibia, Kunstmuseum Mühlheim an der Ruhr **1999** Karl Ruhrberg „Vision und Wirklichkeit" Zu den Arbeiten von Jutta Freudenberger + Katalog: Jutta Freudenberger, Gothaer Kunstforum Köln **2002** Katharina Lepper „Jutta Freudenberger – Farbraum Landschaft" + Manfred Schneckenburger „Der gekippte Horizont und die Schönheit der Erden" + Helga Wilfroth „Finden und Fügen die Collage im Werk von Jutta Freudenberger" + Christoph Brockhaus „Vor Ort die Arbeiten auf Papier" + Katalog: Jutta Freudenberger Farbraum Landschaft, Stiftung Wilhelm Lehmbruck Museum Duisburg, Schlossmuseum Gotha, Städtisches Museum Schwäbisch Gmünd **2006** Martin Gesing „Die Farbe hat mich" Malerei als Interpretation von Landschaft + Gundula Caspary „Zu den Weltlandschaften von Jutta Freudenberger" + Hans Gercke „Dritte Welt aus Spiritualität und Materialität" + Martin Rehkopp „Am Ende der Welt" – oder wie das Grün ins Bild geriet + Katalog: Jutta Freudenberger, Heidelberger Kunstverein, Stadtmuseum Beckum, Kloster Bentlage Rheine, Märkisches Museum Witten, Stadtmuseum Siegburg, Gustav-Lübcke-Museum Hamm

Bild-Materialien:

Seite 6 bis 95:   Öl, Pigmente, verschiedene Naturmaterialien teilweise
                  Fundstücke auf Leinwand
Seite 98 bis 107: Aus der Serie Neuseeland 2002 Arbeiten auf Papier,
                  in Neuseeland entstanden 15 x 21 cm, Dispersion,
                  Pigmente und Naturmaterialien

Impressum

Herausgeber Dr. Martin Gesing + Martin Rehkopp
Kooperationspartner Stadtmuseum Beckum + Gustav-Lübcke-Museum Hamm
Heidelberger Kunstverein + Kloster Bentlage Rheine + Stadtmuseum Siegburg
Märkisches Museum Witten
Texte Gundula Caspary M.A. + Prof. Hans Gercke + Dr. Martin Gesing + Martin Rehkopp
Fotos Jochen Balke + Frank Bruno Napierala + Manfred Vogel
Gestaltung Anne Kettler, Bönen
Druck DruckVerlag Kettler, Bönen, 2006

© Jutta Freudenberger, Fotografen und Autoren

KETTLER KUNST
ISBN 3-937390-89-8